Moritz Güdemann

Nationaljudentum

Moritz Güdemann

Nationaljudentum

ISBN/EAN: 9783743358652

Hergestellt in Europa, USA, Kanada, Australien, Japan

Cover: Foto ©Suzi / pixelio.de

Manufactured and distributed by brebook publishing software
(www.brebook.com)

Moritz Güdemann

Nationaljudentum

NATIONALJUDENTHUM.

VON

Dr. M. GÜDEMANN

OBERRABBINER IN WIEN.

LEIPZIG und WIEN 1897.

M. BREITENSTEIN'S VERLAGS-BUCHHANDLUNG

WIEN, IX., WÄHRINGERSTRASSE 5.

Nationaljudenthum.

Dieses Wort und die Erscheinung, die es bezeichnet, verdanken ihre Entstehung dem Antisemitismus. Vor dreissig Jahren wusste man noch nichts vom Nationaljudenthum. Es gab damals auch keine nationalen Juden, sondern nur Juden, die, wenn man sie nach ihrer Nationalität fragte, sich Deutsche, Franzosen, Engländer u. s. w. nannten. Erst als der Antisemitismus, um vor sich selbst und vor der Welt besser auszusehen, sich einen nationalen Charakter beilegte, und in den Juden nicht bloss die Juden, sondern auch die Fremden proscribierte, beantworteten viele derselben die Aechtung damit, dass sie selbst ihre nationale Individualität zugaben, ja sogar eifrig betonten, und die bisher nur für ihre religiöse Ueberzeugung in Geltung gewesene Bezeichnung des Judenthums auch auf ihre Nationalität ausdehnten. So kam das Wort Nationaljudenthum

in Gebrauch. Da nun aber die Juden keine Nation mehr
sind, und ein eigenes Territorium nicht mehr besitzen, so
war es nur natürlich, dass die sich so nennenden nationalen
Juden die Wiedererweckung eines jüdischen Nationalitätsbewusstseins und die Wiederbegründung eines jüdischen Staates
anstrebten. Dieser Bestrebung kam die sogenannte zionistische
Bewegung entgegen. Letztere geht zwar auf einen rein religiösen Ursprung zurück, nämlich auf die unter den Juden zu
allen Zeiten gepflegte Verehrung für die einstige, von Gott selbst
erwählte Stätte seines Heiligthums, welche jedoch, wie die
jüdische Religion überhaupt, mit den jeweiligen politischen
Verhältnissen nie etwas zu thun hatte. Sie gab aber, haupt-
sächlich in Russland, in Folge der dort herkömmlichen Be-
drückung der Juden, den Anstoss zur Ausbildung eines
politischen Zionismus, der auf die Colonisation Palästina's
und im Zusammenhange damit auf die Wiederbelebung
eines jüdischen Nationalitätsbewusstseins hinarbeitete. Die
Gleichartigkeit der Bestrebungen bewirkte alsdann, dass der
mehr im Osten Europas gepflegte politische Zionismus und
das mehr im Westen verbreitete Nationaljudenthum zu
e i n e r Bewegung sich vereinigten.

Wie ist diese Erscheinung psychologisch zu erklären?
Ihre Geburtshelferin war die Entrüstung. Es musste die
Juden empören, dass ihr durch Jahrhunderte ersessenes,
durch Vaterlandsliebe und patriotisches Verhalten verdientes,
überdies verfassungsmässig gewährleistetes Heimats- und
Bürgerrecht plötzlich wieder in Frage gestellt wurde. Zur
Entrüstung gesellte sich dann, wie dies natürlich ist, der
Trotz. Ein solcher Trotz war es, der die unter dem Namen
der Geusen, d. i. Bettler, bekannten niederländischen Edelleute
bestimmte, diese von ihren Feinden auf sie angewendete
entehrende Bezeichnung ihrerseits als Ehrentitel beizube-

halten. Aehnlich so nahmen zahlreiche, und nicht die
schlechtesten Juden den ihnen in dem Vorwurfe der Fremd-
heit hingeworfenen Fehdehandschuh auf, sie sagten sich
von der ihnen streitig gemachten Nationalität selber los,
und zogen sich in einem aus Erbitterung und Stolz gemischten
Gefühle sozusagen in den Schmollwinkel des Nationaljuden-
thums zurück.

Die auf diese Weise entstandene jüdisch - nationale
Frage ist mehrfach und von den verschiedensten Stand-
punkten, vom ethnologischen, politischen, volkswirthschaft-
lichen besprochen worden. Die Einen schwärmen für die
nationale Wiedergeburt, die Anderen wollen von der darauf
abzielenden Bewegung nichts wissen. Wo Jene das Heil
erblicken, sehen diese eine unglückliche Verirrung. Aber
über dem Streite, den die Parteien um das zukünftige
Schicksal der Juden führen, ist die jüdische Religion fast
ganz übersehen worden. Ihr Votum sollte aber in allen
jüdischen Fragen, also auch hier, nicht bloss zuerst gehört
werden, sondern auch ausschlaggebend sein. Tragen wir
jedoch etwas in sie hinein, oder vermischen wir sie mit
etwas, was nicht mit ihrem Geiste übereinstimmt, ja was
vielleicht demselben geradezu widerspricht, so fälschen wir
sie und richten einen unberechenbaren Schaden an unserem
geistigen Besitzthum an, mit welchem die Besserung unserer
äusseren Verhältnisse, so dringend wünschenswerth sie ist,
zu theuer erkauft wird. Ganz zu geschweigen, dass eine
Behandlung des Judenthums nach Massgabe des Augen-
blicksbedarfs unwissenschaftlich ist. Eine derartige, aller
diagnostischen Voraussetzungen bare, bloss den augenblick-
lichen Bedürfnissen angepasste, symptomatische Behandlung
ist und bleibt, so gut sie auch gemeint ist, Quacksalberei,
und es kann dabei geschehen, dass über der Absicht, den

Juden zu helfen, das Judenthum zu Grunde geht. Eine wissenschaftliche und allein angemessene Behandlung muss sich an dasjenige halten, was den ewigen Wahrheiten des Judenthums gemäss ist und dem Geiste seiner Geschichte entspricht. Es ist daher eine Untersuchung der neuerdings aufgeworfenen und vielbesprochenen nationalen Frage vom Standpunkte der jüdischen Lehre und Geschichte gewiss von unbestrittener Wichtigkeit. Und zwar fügen wir hinzu: nicht bloss für die Juden. Denn die heilige Schrift der Juden ist auch für die gesammte gebildete Welt die heilige Schrift, eine der Grundlagen ihrer Cultur und Gesittung, in welche die Religion Israels Spuren eingegraben hat, die durch keine noch so judenfeindliche Zeitströmung ausgelöscht werden können. Deshalb wird eine Untersuchung über den Nationalitätsbegriff und seine Bedeutung innerhalb der Religion Israels als Beitrag zur Lösung der die Juden gegenwärtig bewegenden nationalen Frage diesen willkommen sein, aber auch auf allgemeines Interesse rechnen dürfen.

I.

Dass die Juden, oder wie sie ursprünglich hiessen, aber auch jetzt noch mit gutem Rechte genannt werden, die Israeliten, einst ein Volk gewesen sind, ist eine geschichtliche Thatsache. Untersuchen wir jedoch, wie bei ihnen dasjenige, was eine Vielheit von Menschen zu einem Volke macht, sagen wir die Volksseele oder der nationale Geist, sich äussert, inwiefern sie hierin anderen Völkern gleichen und hiwiederum sich von ihnen unterscheiden! Von der Sesshaftmachung in Palästina bis zur zweiten Zerstörung Jerusalems, also während des ganzen Bestandes des israelitisch-jüdischen Volkes treten in ihm alle jene Erscheinungen hervor, denen wir auch bei anderen Völkern begegnen und auf welchen das Volksbewusstsein beruht: Einheitlichkeit des Vaterlandes, der Sprache, Religion, Rechtspflege und Sitte. Um diese gemeinsamen Güter bewegen sich als um ihren Mittelpunkt alle Geschicke des Volkes. Insofern verläuft die Geschichte des Volkes Israel ganz in denselben Bahnen, wie die anderer Völker. Aber andererseits besteht ein grosser und einzigartiger Unterschied zwischen ihnen. Schon das ist bemerkenswerth, dass Eroberungskämpfe,

kriegerische Aeusserungen des blossen Machtbewusstseins, im
Volke Israel fast niemals, ausser vorübergehend unter David und den Hasmonäem vorgekommen sind, während sie
das Leben der alten Völker im Orient, wie im Occident
fast ganz ausfüllen. Man denke an die grossartigen Er-
oberungszüge der Assyrer, Babylonier, Egypter und Perser,
der Griechen und Römer! Die Geschichte der Israeiiten
und Juden erzählt von ihnen nichts dergleichen. Dass
es ihnen dafür an Muth und Tapferkeit gefehlt habe,
wird Keiner behaupten, der mit den biblischen Berichten
von den Kriegen des Volkes Israel, mit den Makkabäer-
kämpfen und denen, welche die Juden mit den Römern
ausfochten, auch nur oberflächlich vertraut ist. Es gehörte
ohnehin für das kleine Volk, welches den Stossballen
zwischen dem Orient und Occident bildete, nicht geringer
Kampfesmuth dazu, seine Selbständigkeit zu behaupten.
Hierauf allein, nicht auf Eroberung, waren denn auch die
Kämpfe des israelitisch-jüdischen Volkes gerichtet. Wenn
wir die in denselben an den Tag gelegte Todesverachtung
bewundern müssen, so ist auch diese nicht bloss auf die
natürliche, allen Völkern gemeinsame Vaterlandsliebe zurückzuführen, sondern wir gerathen hier auf einen Zug, welcher
für Israel charakteristisch ist, und dasselbe zu einer in der
Geschichte einzig dastehenden Volksindividualität stempelt.
Die Bibel weiss von einem untergegangenen Buche zu
erzählen, welches den bemerkenswerthen Titel führte:
„Buch der Kämpfe Gottes" (IV. M. 21, 14). Halten
wir uns nur an diesen seltsamen Buchtitel. so drängt sich
uns die Frage auf: Sind jemals anderwärts kriegerische
Thaten als Kämpfe Gottes bezeichnet und besungen worden?
Wie ernst aber diese Bezeichnung gemeint war, ersieht
man weniger aus den geringen Bruchstücken, die von jenem

Buche auf uns gekommen sind, als aus den vollständig
erhaltenen Liedern, die der Verheirlichung dieser Kämpfe
Gottes gewidmet sind, und die nach Aller Meinung zur
ältesten Literatur des Volkes Israel gehören. So beginnt
der Siegesgesang Moses nach dem Untergang der egyp-
tischen Streitmacht im Schilfmeere mit den Worten:
„Singen will ich dem Ewigen, denn mit Hoheit hat er sich
erhoben, Ross und Reiter hat er geschleudert in's Meer.
Mein Sieg und mein Sang ist Jah, er war meine Rettung;
der ist meine Macht und ich will seine Schönheit preisen,
der Gott meines Vaters und ich will ihn erheben. Der
Ewige ist ein Mann des Krieges, der Ewige — das ist sein
Name." Das Lied schwingt sich sodann gegen die Mitte zu
der Lobpreisung auf: „Deine Rechte, Ewiger, prangt in
Stärke, deine Rechte, Ewiger, zerschmettert den Feind . . . .
Wer ist gleich dir unter den Mächten, Ewiger, wer ist
gleich dir, prangend in Herrlichkeit, furchtbar an Ruhm,
Wunderthäter." Zuletzt klingt das Lied in den Triumph
aus: „Der Ewige regiert immer und ewig!" (II. M. 15,
1—18). In diesem Liede ist die Verherrlichung Gottes so
sehr vorherrschend, dass selbst dem Ruhme Moses kein
Wort gewidmet ist*), ja dass nicht einmal sein Name darin
erwähnt wird. Weniger zurückhaltend ist Deborah in dem
ihr zugeschriebenen Siegesgesang (Richter 5). Sie nennt
sich und den von ihr für den Kampf gewonnenen Heer-
führer Barak wiederholt, würdigt nach Gebühr die Leistungen
der Stämme, und hebt ihre Geschlechtsgenossin Jaël rühmend

---

*) Ganz mit Unrecht bemerkt Kittel in der Rectoratsrede : „Die
Anfänge der hebräischen Geschichtschreibung im A. T." (Leipzig, Hirzel,
1896) S. 7 mit Bezug auf dieses Lied: „Da wird der Ruhm Moses immer
neu erschallt und das Lied über den Untergang der Aegypter im Schilf-
meer . . . . oft genug erklungen sein".

hervor. Dennoch steht auch in diesem Liede Gott im Vordergrunde. Ihm, dem Gotte Israels, will Deborah singen, „die Wohlthaten des Ewigen, die Wohlthaten seiner Führung in Israel" will sie verkünden, auf ihn allein verweist sie am Schlusse: „So mögen untergehen alle deine Feinde, Ewiger, aber seine Freunde — wie der Aufgang der Sonne in ihrer Herrlichkeit."

Erwägt man nun, dass zumal die Völker des Alterthums in kriegerischen Grossthaten die erhabensten menschlichen Leistungen erblickten, dass sie nach Kriegsruhm lechzten, dass die Helden, die ihn errangen, die Dichter vorzugsweise zu Lob und Preis begeisterten, so wird man den ungeheuren Abstand nicht verkennen, welcher die kriegerische Poesie des Volkes Israel von derjenigen der übrigen Völker des Alterthums unterscheidet. Bei den letzteren ist es gerade das Menschliche, welches betont wird, das Göttliche kommt dabei so wenig zur Geltung, dass vielmehr die durch Kriegsruhm hervorragenden Menschen zu Göttern erhoben werden. Ganz im Gegensatze zu dieser Verherrlichung des Menschlichen bewegen sich die Siegeslieder des Volkes Israel einzig und allein um die Lobpreisung Gottes, Gott ist der wahre Held, vor dessen Grösse alles menschliche Heldenthum verschwindet. Deutlicher noch als in den angeführten Liedern dieser Kategorie offenbart sich die Verzichtleistung auf den Triumph menschlicher Kraft und Sieghaftigkeit in der Persönlichkeit Davids, der selbst vom Standpunkte des heidnischen Heldenthums diesen Triumph beanspruchen durfte. Er bildet aber in seinem ganzen Auftreten einen offenbaren Protest gegen dasselbe. Ein durch seine Selbstverleugnung charakteristischeres Wort ist wohl nie aus dem Munde eines Mannes, der sich rühmen konnte, „Löwen und Bären erschlagen zu haben" (I. Sam. 17, 36),

erklungen, als dasjenige ist, welches David dem Riesen
Goliath zurief: „Du kommst an mich mit Schwert und
Lanze und Wurfspiess, und ich komme an dich im Namen
des Ewigen der Heerschaaren, des Gottes der Schlachtreihen
Israels, die du geschmäht hast" (das. das. 45). Hier ist das
persönliche Moment, das Bewusstsein der eigenen Leistung,
ganz im Gottesglauben und im Gottvertrauen aufgegangen.
Und wo fänden wir in der gesammten Literatur des Alterthums etwas dem Siegesgesang Davids nach dem Untergange Sauls (II. Sam. 22, vgl. Ps. 18) Aehnliches, in welchem
der königliche Triumphator Schild und Schwert mit Leier
und Harfe vertauscht, nicht um stolz den eigenen Ruhm,
sondern demuthvoll die Grösse, Gerechtigkeit und Gnade
Gottes zu verkünden. Es kam ja auch vor, dass griechische
und römische Helden nach erfochtenen Siegen ihre Waffen
in den Tempeln der Götter aufhängten, und so den Antheil
derselben an den errungenen Triumphen anerkannten. Wie
aber gestaltet sich die Dankbarkeit gegen Gott unter den
Händen und im Geiste David's? An die Stelle der „tabula
votiva" tritt die das Erlebte zu einem Zeugniss der wunder-
baren göttlichen Weltleitung verallgemeinernde und dieselbe verherrlichende Schilderung. „Und er sprach: Ewiger,
mein Fels und meine Burg, und mein Erretter. Gott meines
Hortes, bei dem ich mich berge, mein Schild und Horn
meines Heils, meine Feste und meine Zuflucht, mein Helfer,
aus Gewalt befreist du mich. Ruhmwürdiger, ich rufe an
den Ewigen und ich bin von meinen Feinden gerettet.....
Mit dem Guten erweisest du dich gütig, mit dem untade-
ligen Helden untadelig. Mit dem Lautern erweisest du dich
lauter, und mit dem Krummen windest du dich. Und be-
drücktem Volke stehest du bei, und deine Blicke über die
Hohen senkest du. Denn du bist mein Licht, o Ewiger,

und der Ewige erhellt mein Dunkel." Aus dieser Unter-
ordnung kriegerischer Leistungen und erfochtener Siege
unter die Willensbethätigung Gottes enstand und erklärt
sich die Redeform, dass man „vor" oder „für Gott in den
Krieg ziehe." [1]) Wir haben schon eines untergegangenen
Buches gedacht, welches hiernach benannt war. Aber die
Redeweise war auch im Verkehr üblich, und man verstand
offenbar allgemein, was sie bedeuten sollte. Saul fordert
David auf: „Nun diene mir als tapferer Mann und führe
die Kriege Gottes" (I. Sam. 18, 17), und Abigail sagt zu
ihm: „Kriege Gottes führt mein Herr" (das. 25, 28). Sehr
lehrreich ist in dieser Hinsicht die Correctur, die Moses
den zwei und ein halb Stämmen angedeihen lässt, die sich
erbieten (IV. M. 32, 17 f.): „Wir aber wollen uns wacker
rüsten vor den Kindern Israels, bis dass wir sie gebracht
haben an ihre Stelle . . . . . Wir werden nicht zurückkehren
in unsere Häuser, bis die Kinder Israels für sich erworben
haben jeder sein Erbe." Auf diese Gott gänzlich bei Seite
lassende Erklärung entgegnet Moses: (das. 20 f.): „Wenn
ihr dies thut, wenn ihr euch rüstet v o r d e m E w i g e n zum
Kriege, und es zieht von euch jeglicher Gerüstete über den
Jordan v o r d e m E w i g e n, bis e r ausgetrieben hat seine
Feinde vor i h m, und ist das Land unterworfen v o r d e m
E w i g e n und ihr kehret hernach zurück, so seid ihr schuld-
frei v o r d e m E w i g e n und vor Israel, und dieses Land
bleibe euch zum Besitz v o r d e m E w i g e n." Das war ver-
ständlich gesprochen und wurde auch verstanden, wie die
nunmehr im Sinne Moses verbesserte Antwort der Stämme

---

[1]) Die Tradition (M. Sota 8, 7) unterscheidet demgemäss zwischen
„pflichtmässigen" und „freiwilligen" Kriegen. Als letztere, bei welchen die
V. M. c. 20 erwähnten, sehr ausgedehnten Beurlaubungen zu gewähren
waren, werden bezeichnender Weise die auf die Mehrung des Reichs
gerichteten Kriege David's betrachtet.

beweist. So trat in Israel das menschliche Kraftbewusstsein,
wie es sich besonders in kriegerischen Thaten äussert, in
den Hintergrund vor Gott, dem „Herrn der Heerschaaren",
v o r welchem und f ü r welchen man in den Krieg zieht,
und der allein zum Siege führt Jede Ueberhebung verschwindet vor dieser Auffassung, die sogar das rauhe Kriegs-
handwerk adelt, das sich selbst bespiegelnde Kraftbewusstsein geht auf in den von Gott ausgehenden Antrieben, die
zum Kriege führen, und in den mit Gott verknüpften End-
zielen, um derentwillen er ausgefochten wird.

Welche Wirkung musste diese das menschliche Element
auf einem Gebiete, auf dem es im Alterthum vorzugsweise
zur Geltung kam, ganz zurückdrängende Anschauung auf
die Gestaltung des Volksbegriffs in Israel ausüben? Die alten
Völker sind recht eigentlich durch den Krieg entstanden,
durch ihn gross geworden, und durch ihn wieder zu Grunde
gegangen. Er füllte ihr Dasein von Anfang bis zu Ende
aus. Die Kriegsfackel entflammte die nationale Begeisterung,
an ihrem Feuer wurde das Band geschmiedet, welches die
Massen einigte und zu einer Nation machte. Mit der Kriegsfackel steckte eine Nation das Staatsgebäude der anderen
in Brand. Wie der Krieg dem einzelnen Menschen Gelegenheit gab, kraft seiner überragenden Stärke zum gefeierten
Helden sich aufzuschwingen, so entzündete sich an ihm
und in ihm bei der Menge das Nationalgefühl, das Volksbewusstsein, und demgemäss bildete sich bei ihr der Volksbegriff. Ganz im Gegensatze zu diesem turbulenten Vor-
gange entwickelten sich Volk und Volksbegriff in Israel.
Sie sind nicht unter dem Zeichen des Schwertes entstanden,
nicht aus Blut und Eisen geschmiedet. Nicht nach einem
grossen Kriege, bei einer geräuschvollen Siegesfeier, ange-
sichts eroberter Tropäen und gefesselter Kriegsgefangener-

sondern bei einer stillen Bundesfeier in der Wüsteneinsamkeit war es, dass Moses Israel zurief: „Lausche und höre Israel, an diesem Tage bist du zum Volke geworden dem Ewigen, deinem Gotte" (V. M. 27, 9). In diesen Worten ist der Werde- und Entwicklungprocess Israels richtig so angegeben, wie wir ihn an der Hand der Geschichte verfolgen können. Der Volksbegriff war in Israel ein anderer als überall, denn er war unzertrennlich von seinem Gottesbegriff. Beide sind mit eins entstanden. Indem Israel ein Volk wurde, wurde es zugleich das Volk Gottes. Unmöglich konnten daher in ihm das bloss volksmässige Nationalbewusstsein und Nationalgefühl so stark vorschlagen, wie anderwärts im Alterthum und selbst in der Gegenwart. Sie hatten für Israel ihren Ursprung in Gott, aber auch ihre Schranke an Gott. Ohne seinen Gott wäre Israel seiner selbst als eines Volkes sich niemals bewusst geworden, er hat es zu seinem Volke, und damit überhaupt zu einem Volke gemacht.*)

---

*) Die Bibelstellen, welche diese Anschauung bezeugen, sind ungemein zahlreich, vgl. II. M. 6, 7; 19, 6, III. M. 26, 12. V. M. 7, 6; 14, 2; 26, 18; 27, 9; 29, 12. I. Sam. 12, 22. II. Kön. 11, 17. Jerem. 7, 23; 11, 4 und sonst.

II.

Fragen wir nun weiter: Wie hat sich bei diesem in
der Vorstellung Israels herrschend gewesenen Volksbegriff
sein Verhältniss zu den übrigen Völkern und zur Menschheit überhaupt gestaltet? Es liegt auf der Hand, dass es
mit dem nackten, sozusagen physischen Nationalismus oder
Nativismus der alten Völker diesen nicht entgegentreten
konnte, weil er in ihm nicht vorhanden war, oder doch
keinesfalls gezüchtet wurde, da hier, wie wir gezeigt haben,
in dem Individuum das Persönliche, und in der Gesammtheit das Nationale vor dem Göttlichen, welchem beiden
sich unterordneten, oder in welchem sie aufgiengen, zurück-
trat. Eine unvoreingenommene Lektüre der Bibel führt zu
der Erkenntniss, dass Israel an den heidnischen Völkern
gerade diese ihre Accentuierung des nationalen Moments
als das sie charakterisirende Merkmal, wovon es selber sich
frei wusste, erkannte. Dies ist der Sinn der hebräischen
Ausdrücke „Ammim“, „Leumim“, „Gojim“, womit die
Völker, insofern sie als Völker, als nationale Individuali-
täten sich selbst betonten — es heisst deshalb häufig
Völker, Nationen ohne bestimmten Artikel — im Unter-

schiede von Israel bezeichnet werden. „Im Unterschiede
von Israel" ist vielleicht nicht ganz erschöpfend gesagt,
deutlicher und unmissverständlich wäre zu sagen: im
Unterschiede von dem durch seinen Gottesbegriff bedingten
Volksbegriff Israels. Denn Gott tritt hier überall, sozusagen, vor die Front, so dass nicht eigentlich Israel, sondern sein Gott den Völkern, und in diesen wiederum
ihren Göttern gegenübergestellt wird. „Der Ewige regiert,
es frohlocket die Erde, es freut sich der Inseln Menge."
(Ps. 97, 1.) „Der Ewige regiert, es zittern die Völker, er
thront auf Cherubim, es wanket die Erde." (Ps. 98, 1.)
„Erzählet unter den Völkern seine Herrlichkeit, unter allen
Nationen seine Wunder. Denn gross ist der Ewige und
sehr gerühmt, furchtbar ist er über alle Götter. Denn alle
Götter der Völker sind nichtig, aber der Ewige hat die
Himmel geschaffen. Hoheit und Pracht ziehen ihm voran,
Triumph und Ruhm sind in seinem Heiligthum. Spendet
dem Ewigen, Völkergeschlechter, spendet dem Ewigen Ehre
und Triumph. Sprechet unter den Völkern: Der Ewige regiert." (Ps. 96, 1 f.) „Stelle, o Ewiger, ihnen eine Warnung
hin, erfahren sollen die Völker, dass sie Sterbliche sind".
(Ps. 9, 21.) „Höret dies, all' ihr Völker, horchet auf, all' ihr
Weltenbewohner! So der Leute Söhne, wie der Herren
Söhne, zumal reich und arm. Schafen gleich wandern sie
in die Gruft, der Tod weidet sie, und auf sie treten Ge-
rechte, ein Morgen — und ihre Gestalt verwest, da die
Gruft ihre Wohnung geworden. Aber Gott löst meine Seele
aus der Hand der Gruft, denn er fasst mich an". (Ps. 49, 2 f.)
„Was ist der Mensch, dass du seiner gedenkest, und der
Menschensohn, dass du auf ihn siehest? Und lässest ihn
um ein Geringes Gott nachstehen, und mit Ehre und Glanz
krönest du ihn". (Ps. 8, 5 f.) „Heil dem Volke, dessen Gott

der Ewige ist, der Nation, die er sich zum Eigenthum er-
koren, vom Himmel blickt der Ewige, siehet alle Menschen-
kinder. Aus der Stätte seines Sitzes schauet er auf all' die
Bewohner der Erde. Der insgesammt ihr Herz gebildet,
der merket auf all' ihre Thaten. Nicht ist der König sieg-
reich durch des Heeres Menge, ein Held wird nicht gerettet durch Fülle der Kraft. Eitel ist das Ross zum Siege,
und durch die Fülle seiner Stärke führt es nicht von
dannen." (Ps. 33, 12 f.) „Diese vertrauen auf Kriegswagen,
jene auf Rosse, wir aber preisen den Namen des Ewigen,
unseres Gottes. Jene stürzen und fallen, wir aber stehen
und halten uns aufrecht." (Ps. 20, 8 f.) Dies sind einige
Stellen aus den Psalmen, in welchen die Vorstellung Israels
von den Völkern und seine Stellung zu den Völkern ge-
kennzeichnet ist. Israel selbst ist hier gar nicht genannt,
es handelt sich also nicht um ein selbstgefälliges Hervor-
heben und Herausstreichen des eigenen Volksthums, der
eigenen Individualität — immer bleibt Gott im Vordergrunde, er ist es, in dessen Namen der israelitische Dichter
zu den Völkern redet. Und was sagt er ihnen? Vor diesem
Gott wird alle irdische Macht und Grösse, die den Stolz
der Nationen ausmachen, zu nichte, er spottet der Kriegswagen, der schnaubenden Rosse und ihrer bewehrten Lenker,
— aber bei seiner Grösse und Erhabenheit erweist er sich
zugleich als den gütigen Vater seiner Geschöpfe, „e r s i e h e t
a l l e M e n s c h e n k i n d e r". Es ist nicht wohl denkbar,
dass bei dieser Vorstellung von Gott und Menschen — in
Israel Werth gelegt werden konnte auf die unterscheiden-
den Zufälligkeiten der Geburt, Abkunft, Heimat u. s. w.,
da sie doch nur schwache Grenzlinien sind, die vor der
alles gleichmachenden, in dem erwähnten 49. Psalm mit
erschütternder Gewalt geschilderten Macht des Todes

vollends verschwinden. So erscheinen jene trennenden Zufälligkeiten als Hinfälligkeiten, denen gegenüber es nur
e i n Bleibendes, Unumstössliches gibt: „D e r E w i g e r e-
g i e r t". Dies ist ebenfalls eine alle Unterschiede ausglei-
chende Thatsache, aber sie erdrückt den Menschen nicht,
wie die Macht des Todes, sondern richtet ihn auf. Allerdings ist die Verschiedenheit der Völker nicht wegzuleugnen
und von Gott, der jedem derselben sein Gebiet zugewiesen,
selbst gesetzt. Dies gilt auch für Israel. „Da der Höchste
den Völkern*) Besitz gab, da er schied die Menschensöhne,
stellte er fest die Grenzen der Nationen*), entsprechend auch
der Anzahl der Kinder Israels**)" (VM.32, 8). Aber sofort
wird, um dem Missverständniss vorzubeugen, als ob es sich
für Israel je darum handeln könnte, seinen Lebenszweck
vom Landbesitz abhängig zu machen, und es an die Scholle
zu binden, hinzugefügt: „Denn des Ewigen Theil ist sein
Volk, Jakob das Los seines Besitzes" (das. 9). Unter diesem
Gesichtspunkte, von welchem angesehen Israel nicht sowohl
Besitzer, als vielmehr selbst Besitz, und zwar Gottes ist,
konnte in ihm der mit der Scholle verwachsene Nativismus
gar nicht aufkommen. Autochthonie oder Aboriginität
hat Israel, wie andere Völker des Alterthums, nie für sich
in Anspruch genommen. Hochmuth des Einheimischen
gegen den Fremden gab es in Israel nicht, konnte es
gar nicht geben, denn der Einheimische kam gar nicht
aus dem in ihm immer lebendig erhaltenen Bewusst-

---

*) Im Texte fehlt der hinweisende Artikel.

**) D. h. auch Israel hat sein Land so gut wie die anderen Völker
von Gott zugewiesen erhalten. Ergänze ב"ש למספר (וגם), wobei in מספר
die Zählbarkeit, die Kleinheit Israels hervorgehoben ist, welcher die
Kleinheit des Landes entspricht. עמי gleichbedeutend mit שבטי zu
fassen, ist wegen des Parallelismus unzulässig.

sein, selbst ein Fremder zu sein, heraus. Ganz im Gegensatze zu der Sage von Antäus verschwand gleichsam der
Erdboden, als eine vorübergehende Erscheinung, unter den
Füssen des Israeliten. Er bot ihm keinen Halt, diesen
suchte er anderswo. „Ein Fremdling bin ich bei dir, ein
Beisasse, wie alle meine Väter" (Ps. 39, 13). „Ein Fremd-
iing bin ich auf Erden" (das. 119, 19). In nicht weniger
als neunundvierzig Variationen wird die Rechtsgleichheit
des Einheimischen und Fremden, die Pflicht, den Fremdling wie sich selbst zu lieben, ihn nicht zu kränken u. s. w.
vorgeschrieben. Derartige Bekenntnisse und Anschauungen
waren doch nur bei einem Volke möglich, dessen Lebenszweck nicht mit der Scholle verknüpft war, das seinen Beruf überhaupt nicht durch territoriale oder nationale Grenzen
beschränkt sah, sondern dessen Blick und Sehnsucht auf
ein Höheres, Ewiges, Allgemeines gerichtet waren. Dieses
war die eigentliche Heimat Israels, die sozusagen trans-
scendentale Richtung begründete s e i n e Eigenthümlichkeit, s e i n e Individualität. Dadurch wusste es sich von
den Völkern unterschieden und über sie erhoben, dadurch
fühlte es sich aber auch zum Lehrer der Völker berufen.
Diese Berufung findet ihren beredtesten Anwalt und Ver-
künder in dem sogenannten zweiten Jesajas, was deswegen
bewerkenswerth ist, weil dieser Prophet nach der Zerstörung des Reiches, also zu einer Zeit weissagte, wo Israel
gar kein Land mehr besass, und wenn er auch die Hoffnung auf Wiedererrichtung des Reiches nicht aufgab, so
erblickte er doch den Beruf Israels nicht hierin, sondern
in dessen über alle territorialen und nationalen Grenzen
hinaus sich erstreckenden geistigen Fernwirkung auf die
Menschheit. Seine über diesen Punkt sich verbreitenden
Aussprüche lassen an Klarheit und Bestimmtheit nichts zu

wünschen übrig und lauten wie folgt: „Ich der Ewige habe
dich berufen zum Heile, und deine Hand gefasst und
dich gebildet, und dich eingesetzt zum Bunde für das
Volk, zum Lichte der Nationen, Blinde Augen zu öffnen,
herauszuführen aus dem Kerker den Gefesselten, aus dem
Gefängnisshause die Bewohner der Finsterniss" (Jes 42, 6 f).
„Und er sprach: Zu gering ist es, dass du mir seiest ein
Knecht, aufzurichten die Stämme Jakobs und die Geretteten
Israels zurückzuführen, so stelle ich dich hin zum Lichte
der Nationen, dass mein Heil gelange an das Ende der
Erde" (das. 49, 6). „Steh' auf, leuchte, denn es kommt
dein Licht und die Herrlichkeit des Ewigen bestrahlt dich.
Denn siehe, Finsterniss bedecket die Erde, und Wolken-
düster die Völker, — doch dich wird der Ewige bestrah-
len, und seine Herrlichkeit wird über dir erscheinen Und
es wandeln Nationen bei deinem Lichte, und Könige bei
deinem Strahlenglanze" (das. 60, 1 f). Was konnte gegenüber dieser „bis an das Ende der Erde" reichenden
Heilsaufgabe das auf sich selbst sich beschränkende nationale
Moment bedeuten! Sehr richtig sagt Cornill*): „Juda ist
durch das babylonische Exil als Nation ebenso zu Grunde gegangen, wie Israel durch das assyrische, aber es gestaltete
sich um zum Judenthum, aus dem Staate wurde eine
Kirche, aus dem Volke eine Gemeinde. Und dies zum
Judenthum gewordene Juda hatte eine Weltmission ohne
Gleichen zu erfüllen: an ihm hing die Zukunft und die
Weiterentwicklung der Religion." In der Erfüllung dieser
seiner religiösen Aufgabe, nicht in der Betonung und Her-
vorkehrung des nationalen Charakters ist denn auch die
so oft missdeutete „Auserwählung" Israels begründet,

*) Der israelitische Prophetismus (Strassburg, Trübner 1894) S. 116.

welche, wie schon aus der bisherigen Ausführung hervorgeht, so wenig darauf angelegt war, nativistischen Dünkel und nationale Eitelkeit zu wecken, dass man vielmehr sagen muss, sie zielte darauf ab, diese Eigenschaften, welche bei den Völkern des Alterthums vorzugsweise ausgebildet waren, in Israel nicht aufkommen zu lassen. Deshalb wird es so oft an seine Kleinheit erinnert. Oder wie hätte sonst seine Auserwählung gar in einem Athem mit seiner Kleinheit betont werden können, wie es in dem Satze geschieht: „Nicht weil ihr die meisten seid unter allen Völkern, hat Gott Gefallen an euch gefunden und euch erwählt, denn ihr seid die wenigsten von allen Völkern" (VM. 7, 7). Die Erwählung eines Volkes trotz oder gar wegen seiner Kleinheit kann doch nur unter der Voraussetzung Sinn haben, dass dieses Volk auf dasjenige verzichte, oder keinen Werth lege, was für die übrigen Völker der Gegenstand ihres Ehrgeizes, und das Zeugniss ihrer Bevorzugung ist. Und was dies bei den alten Völkern war, ist bekannt: der Staat, dem als Bürger anzugehören, den Stolz jedes Einzelnen, und dessen Vergrösserung die Absicht und Aufgabe der gesammten Politik bildete. Für diese politischen Begriffe besitzt die hebräische Sprache nicht einmal adäquate Ausdrücke, — ein Mangel, der gewiss nicht zufällig ist, und in dem man einen stillschweigenden Protest gegen die ausschlaggebende Gewalt dieser das gesammte Alterthum beherrschenden Begriffe erblicken mag. Dieser Protest findet aber auch seinen positiven, beredten Ausdruck bei dem Sänger des 87. Psalms, welcher von der eben wiedererrichteten Zionsstadt erhofft, dass sie den Mittelpunkt auch für die Grossmächte des Alterthums Egypten, Babylon u. s. w., deren Bürger auf ihre Aborigi-

— 22 —

nität stolz sind*), bilden werde. Ihr nativistischer, nationaler Dünkel werde, wie der Dichter hofft, dem sie ergrei-
fenden Bedürfniss weichen, geborene, oder vielmehr wieder-
geborene Angehörige Zion's, als gleichsam ihres „höheren
Vaterlandes"**), zu werden. In der Verwirklichung
dieser Hoffnung erblickte Israel nicht bloss die eigene Zukunft, sondern auch die der gesammten Menschheit. Wie
es sich aber diese Zukunft vorstellte und ausmalte, dass
dieselbe nicht anders als auf den Trümmern der die Völker
auseinander haltenden, einseitigen nationalen und politischen Interessen sich aufbauen, und einen Zustand allge-
meiner Glückseligkeit herbeiführen werde, ersieht man aus
ihrer übereinstimmenden, begeisterten Schilderung bei den
Propheten Micha (4, 1 f.) und Jesaja (2, 3 f.): „Und viele
Nationen werden hingehen und sprechen: Wohlan, lasset
uns hinaufgehen zum Berg des Ewigen, zum Hause des
Gottes Jakobs, dass er uns lehre von seinen Wegen, und
wir wandeln auf seinen Pfaden, wenn von Zion wird aus-
gehen die Lehre, und das Wort des Ewigen von Jeru-
salem. Und er wird richten zwischen den Völkern, und
entscheiden vielen Nationen, und sie werden stumpf machen
ihre Schwerter zu Sicheln, und ihre Lanzen zu Reben-
messern. Nicht wird erheben Volk gegen Volk das Schwert
und nicht lernen sie fürder den Krieg." Wenn, wie aus
den übereinstimmenden Schilderungen zweier Propheten
(und auch aus anderen ähnlichen Stellen) hervorgeht, dem
Volke Israel dieser messianische, völkerversöhnende, völker-
verschmelzende Zustand als sein Ideal, und die Herbeifüh-
rung desselben als seine göttliche Sendung vorschwebte, so

---

*) Dies der Sinn der Worte זֶה יֵלֵד שָׁם. Jeder thut sich auf seine
politische Zuständigkeit etwas zu Gute.
**) Worte Ewald's z. St.

— 23 —

ergibt sich daraus mit Nothwendigkeit, dass es in der Ausbildung und Begünstigung eines schroffen, ausschliessenden nativistischen Nationalitätsbewusstseins nicht das Heil der Völker, am allerwenigstens aber sein eigenes Heil erblicken konnte.

III.

Hier könnten wir nun unsere Untersuchung abschliessen, nachdem wir dargethan, dass die moderne Betonung des Nationalen dem Geiste der Thora, der Propheten und Psalmen und der durch dieselben dem Volke Israel vorgezeichneten Bestimmung durchaus widerstrebt, und wir dürften demnach dem Leser selbst die Beantwortung der Frage anheimgeben, ob das gegenwärtig mit so viel Lebhaftigkeit sich geltend machende Nationaljudenthum sich im Einklange mit diesem Geiste und dieser Bestimmung befinde. Es wird jedoch der Beurtheilung dieser Frage zuträglich sein, wenn wir zeigen, welchen Verlauf die Idee der einstigen Aufhebung aller nationalen Unterschiede und der Vereinigung aller Völker zu einer Menschenfamilie genommen, welchen Störungen und Abschweifungen sie ausgesetzt war, und inwiefern ihre Ausgestaltung und Verwirklichung nach wie vor die Aufgabe des Judenthums bildet. Dass nämlich der leitende Gedanke eines Volkes nicht in gerader Linie und ununterbrochenem Fortgange seiner Verwirklichung zustrebe, sondern dass er, wie die Magnetnadel durch kosmische Vorgänge, durch politische und andere Einflüsse Ablenkungen

erleide, ist eine durch die Weltgeschichte bestätigte Thatsache, die sich auch in der Geschichte des Volkes Israel
wiederholt. Deshalb findet sich im Pentateuch so häufig die
Aufforderung an Israel, von den übrigen Völkern sich ab-
zusondern, nicht in ihren Wegen zu wandeln, noch ihrem
Beispiele zu folgen, und was dergleichen mehr ist. Man
würde fehlgehen, wenn man in diesen Mahnungen und War-
nungen einen Widerspruch mit der Israel gestellten Aufgabe, auf die Verschmelzung der Völker hinzuarbeiten, erblicken würde. Vielmehr wird diese Aufgabe dadurch be-
stätigt, denn, wie wir bereits bemerkt haben, die Betonung der nationalen Individualität, die Ausgestaltung eines
nativistischen Volksbewusstseins war es ja, welche den Grundzug der Bestrebungen der alten Völker bildete, und davor sollte
Israel durch jene Mahnungen zur Absonderung gewiss ebenso
dringend, wie vor den religiösen und sittlichen Verirrungen
jener Völker gewarnt sein. Wie nöthig dies war, sieht man
an der Gründung des Königthums, zu welcher Israel seiner
eigenen Erklärung zufolge (I Sam. 8, 5 f.) nur von dem Beispiele
der Völker sich verleiten liess. Das Königthum, als der
natürlichste Ausdruck des auf Entfaltung irdischer Macht
und Grösse hindrängenden nationalen Selbstgefühls, ist der
höheren Bestimmung Israels niemals förderlich gewesen,
es hat deshalb an dem Prophetenthume immer eine kaum
verhehlte Gegnerschaft, sozusagen eine fortlaufende Mar-
ginalcorrectur gefunden, dergleichen sich in der Geschichte
nicht ein zweitesmal findet. Wie Samuel nur widerwillig
sich zur Einsetzung eines Königs sich herbeiliess, so ruft
auch Hosea (13, 10 f.) aus: „Wo ist nun dein König, dass
er dir helfe in allen deinen Städten? Und deine Richter,
da du gesagt hast: Gib mir König und Fürsten? Gab ich
dir einen König in meinem Zorn, werd' ich ihn nehmen

in meinem Grimm." Andererseits bot allerdings das nationale Bewusstsein eine Schutzwehr gegen Gefahren, welche
die Selbständigkeit und die Religion des jüdischen Volkes bedrohten, und es konnte daher nicht fehlen, dass, von
Fall zu Fall, wenn solche Gefahren auftauchten, das Nationalgefühl als natürliche Gegenwehr zu besonderer Lebhaftigkeit erwachte, oder von den Volksführern dazu ange-
facht wurde, wobei jedoch nicht übersehen werden darf,
dass im Verlaufe der Zeit das Nationalitätsbewusstsein mehr
und mehr als blosse Erscheinungsform des religiösen Be-
wusstseins hervortrat. So entstand im babylonischen Exil
jener erste, von den Propheten und Staatsmännern geweckte,
nur seiner äusseren Erscheinung nach politische, aber in
seinem eigentlichen Wesen religiöse „Zionismus", der zur
Wiederaufrichtung des Reiches und des Tempels führte,
und zum letztenmale vor dem Untergange dieser zweiten
Schöpfungen des jüdischen Nationalgefühls erscheint dasselbe kräftig ausgebildet, als es sich darum handelte, das
Joch der Syrer abzuwälzen und die religiöse Ueberzeugung
vor dem Einflusse der griechischen Weltanschauung zu schützen.
Auch hier, vor dem Ende des jüdischen Volksthums, wie
bei dessen Anfang, suchte und fand das nationale Bewusstsein seinen entsprechenden Ausdruck in der Errichtung des
Königthums — wie früher des davidischen, so jetzt des
hasmonäischen — aber dem palästinensischen Judenthum
stand nunmehr bereits eine ausgebreitete Diaspora gegenüber, und während im Mutterlande das Judenthum in dem
Nessushemde der wiedererlangten nationalen und politischen
Selbständigkeit seiner Auflösung entgegenging, war es
die Diaspora, welche, ohne es eigentlich zu wollen und
gleichsam unbewusst, seine auf die Menschheit gerichtete
Mission aufnahm und förderte. Denn indem die Diaspora,

welche nur noch religiöse Bande an das Mutterland knüpf-
ten, in sich selber das nationale Bewusstsein mehr und
mehr schwinden fühlte, trug sie dazu bei, die Schärfe und
Schroffheit desselben auch in der heidnischen Welt, in
dessen Gefüge sie eingesprengt war, abzuschwächen. Denn
vor den erstaunten Augen derselben offenbarte sich hier
das nie zuvor wahrgenommene Schauspiel, dass Menschen,
die aufgehört hatten, ein Volk zu sein, durch höhere
Bande, als territoriale und nationale, zu einer trotz ihrer
Vertheilung auf die verschiedensten Ländergebiete, ja trot-
sprachlicher und anderer Verschiedenheiten dennoch ein-
heitlichen Glaubensgemeinde verbunden waren. Diese
seltsame, einzigartige Erscheinung konnte ihren Eindruck
auf die alten Völker nicht verfehlen und musste sie zum
Nachdenken über die Hinfälligkeit bloss auf nationalen Grundlagen errichteter Staatengebilde anregen. „Auch in der
antiken Welt" — sagt Mommsen*) — „war das Judenthum
ein wirksames Ferment des Kosmopolitismus und der nationalen Decomposition und insofern ein berechtigtes Mit-
glied in dem caesarischen Staate, dessen Politik doch eigentlich nichts als Weltbürgerthum, dessen Volksthümlichkeit
im Grunde nichts als Humanität war." Das ist richtig,
thatsächlich war die Wirkung der Diaspora zunächst eine
in nationaler Hinsicht zersetzende, aber damit hat der be-
rühmte Geschichtschreiber nur die negative Seite dieser
Wirkung angegeben, was seiner ganzen Darstellung von
der Bedeutung der jüdischen Diaspora im Römerreiche den

---

*) Röm. Gesch. III, 550 f., wozu V, 489 f. zu vgl. Der Grundfehler
bei Mommsen ist, dass er die Nationalität und Religion der Juden für
identisch ansieht („ihre Nationalität oder, was auf dasselbe hinauskommt,
ihre Religion" V, 492). Wir glauben gezeigt zu haben, dass die jüdische
Religion geradezu antinational ist.

Charakter der Einseitigkeit verleiht. Allerdings muss, wenn
an der Stelle eines alten Gebäudes ein neues errichtet
werden soll, zuvor jenes eingerissen werden, und so wurden
auch zunächst die Grundlagen der antiken Welt durch
Ueberfluthung mit jüdischen Ideen in's Wanken gebracht,
was die römischen Staatsmänner und Schriftsteller zur Ver-
zweiflung trieb und Seneca die Klage auspresste: „Die Be-
siegten haben den Siegern Gesetze gegeben.*) Aber es
war keineswegs „die eigenthümliche Antipathie der Occidentalen gegen diese so gründlich orientalische Race und ihre
fremdartigen Meinungen und Sitten" (III, 550), noch „der
tiefe Widerwille, den die Occidentalen gegen das Juden-
volk hegten" (V, 538), welche in den judenfeindlichen
Aeusserungen der römischen Schriftsteller sich Luft machten.
Der Judenhass ging auch damals von den Literaten aus
und beschränkte sich zunächst auf sie, während das Volk
nach dem eigenen Zeugniss Seneca's, der die jüdische
„consuetudo" als „per omnes iam terras recepta" bezeichnet,
für das Judenthum eingenommen war, und, wie Mommsen
selbst (V, 493) bemerkt, „zahlreiche Personen, besonders
der gebildeten Stände in der einfacheren und reineren, der
Vielgötterei und dem Bilderdienst absagenden jüdischen
Lehre Zuflucht suchten." Vielmehr war die Feindschaft der
römischen Schriftsteller gegen das Judenthum in der rich-
tigen Empfindung begründet, dass seine Lehre die nationalen
Grundlagen bedröhe, wie denn auch Celsus und andere
Partisanen des Heidenthums eben diese Anklage gegen die
ersten Christen erhoben. Rom aber war, wie alle Staaten
des Alterthums, auf der Nationalität aufgebaut, und wenn
dieses Fundament unterwaschen wurde und zerbröckelte, so

*) Reinach, Fontes rerum judaicarum I, 263.

besass es nichts, was es an dessen Stelle hätte setzen können. Denn das „Weltbürgerthum" des cäsarischen Staates kann doch keineswegs als eine höhere Stufe seiner Entwicklung angesehen werden, es hatte sich vielmehr aus der Unfähigkeit herausgebildet, die zahlreichen Provinzen zu verdauen. Die „auf den Trümmern von hundert lebendigen Politien" entstandene „verschliffene Nationalität" des cäsarischen Staates lässt sich nur mit dem frischen Graswuchs auf einem Trümmerfelde vergleichen, der durch sein lebhaftes Grün Keinen darüber täuschen kann, dass er sich — auf einem Trümmerfelde befinde. Nichts kann deshalb irriger und ein ärgeres Spiel mit Worten sein, als den so gearteten „Kosmopolitismus" mit demjenigen zusammenzustellen, dem die Diaspora huldigte, in welchem sie nach der Anleitung der Propheten den künftigen Zustand der verbrüderten Menschheit erblickte und der die Hoffnung verwirklichen sollte: „Es wird der Ewige König sein über die ganze Erde, an jenem Tage wird der Ewige einzig und sein Name einzig sein" (Secharja 14, 9). Mit dieser Devise war das Judenthum auch nach der Zerstörung des jüdischen Reiches noch stark genug, selbst das grosse Römerreich zu untergraben. Dies vollbrachte die langsame, aber stetige Zersetzungsthätigkeit der Diaspora, welche jedoch neben dieser negativen Wirkung zugleich die positive ausübte, in der antiken Welt die Ahnung einer auf den Trümmern der nationalen Schranken dereinst sich erhebenden, in dem Glauben an den Einen Gott geeinten Menschheit aufdämmern zu lassen. Das Werkzeug, dessen die zerstreuten jüdischen Colonien bei dieser grundstürzenden und wiederum grundlegenden Arbeit sich bedienten, war die griechische Bibel, jene Bibel, in welcher der Pentateuch, die Propheten und die Psalmen vereinigt waren, was deswegen hervorzuheben nicht über-

flüssig ist, weil man gern die Juden der römischen Zeit als
durch die Schriftgelehrsamkeit verknöchert, als für die
schwunghaften Reden der Propheten abgestumpft, ja als
von deren ewigen Ideen abgefallen darstellt oder vielmehr
entstellt, wie denn auch Mommsen das betreffende Capitel
mit der Bemerkung einleitet, dass die Juden im Jordan-
land, mit welchen die Römer zu schaffen hatten, nicht
dasjenige Volk gewesen seien, welches „den Reden des
Amos und Hosea gelauscht" habe (V, 487). Das eine Mal
wird behauptet, dass die Juden seit Anno Eins bis heute
immer dieselben geblieben seien, das andere Mal gilt das
Gegentheil. Buchstäblich genommen ist es ja richtig, dass
die Juden der römischen Zeit nicht mehr den Reden des
Amos und Hosea lauschten, die längst todt waren. Aber
was beweisst dies? Ist Schiller nicht erst nach seinem Tode
wahrhaft das Eigenthum des deutschen Volkes geworden?
So ging es auch mit den Propheten, mit welchen die Juden erst durch die allsabbathlichen Vorlesungen die rechte
Vertrautheit erlangten, welcher die Tagesereignisse gründlich nachhalfen. Niemals früher hatten die Juden eifriger,
als nach der Zerstörung des Tempels, dessen Trümmer ihre
Vergangenheit begruben und ihre Gegenwart verdunkelten,
auf die zukunftsreichen Reden der Propheten hingehorcht.
Aus den gottesdienstlichen Vorlesungen derselben, wie aus
denen der Thora schöpften sie selbst immer von Neuem
Trost, zugleich aber vernahmen die Heiden daraus in der
ihnen verständlichen griechischen Sprache die Lehren wahrhafter Gotteserkenntniss und wahrhafter Humanität. Denn
auch mit der Humanität sah es in dem cäsarischen Staate
nicht besser als mit seinem Weltbürgerthum aus. Zwar,
dass einzelne Denker in ihrer Ethik den nationalen Standpunkt überwunden hatten, kann nicht geleugnet werden,

wie denn schon Antiochos der Askalonite nach der Darstellung seines Schülers Cicero*) das Sittlichschöne (honestum)
„in der Verbindung zwischen Mensch und Mensch, in der
Gemeinschaft der gesellschaftlichen Interessen, in dem
liebevollen Gefühl für das gesammte Menschengeschlecht
(caritas generis humani)" erblickte. Allein derartige Anschauungen drangen nicht über die Philosophenschulen hinaus, und die breiten Schichten des Volkes wurden nicht
davon ergriffen. Aber in den Proseuchen der Diaspora
hörten nicht bloss die Juden jeden Standes und Ranges
Mahnungen und Lehren aus der Thora und den Propheten
vorlesen und in's Griechische übersetzen, wie die nach-
stehenden: „Liebe deinen Nächsten wie dich selbst" (III.
M. 19, 18), „Liebe den Fremdling wie dich selbst" (das. 34),
„Heilig sollt ihr sein, denn heilig bin ich der Ewige, euer
Gott" (das. 2), „Du, Herr, höre im Himmel, deinem Wohn-
sitz und thue ganz so, wie der Fremdling dich anruft, auf
dass alle Völker der Erde deinen Namen erkennen, dich zu
ehrfürchten, gleich deinem Volke Israel" (I. Kön. 8, 43),
„Denn mein Haus wird ein Bethaus für alle Völker genannt
werden" (Jes. 56, 7) u. dgl. m. — sondern neben den
Juden vernahmen begierig diese neuen Wahrheiten
auch die Griechen (mit welchem Sammelnamen die gesammte Heidenwelt bezeichnet wird), die in grossem Zu-
laufe sich in die Synagogen drängten (Apg. 14, 1. 18, 4).
So wurden die Juden der Diaspora, indem sie das Bollwerk
der Nationalität, hinter welchem die Völker sich gegenein-
ander verschanzen, untergruben, und die Zukunftsgedanken
der einstigen Vereinigung aller Menschen um den Einen

---

*) De Finib. 5, 23, 65. Vgl. J. Bernays, Throphrastos' Schrift über
Frömmigkeit S. 101.

unsichtbaren Gott in die Massen warfen, zu Vollstreckern
der Mission Israels und der prophetischen Verheissungen.
Der tiefe Gesichtspunkt, den Mommsen in der Schilderung
der Diaspora einzunehmen beliebt, hält seinen Blick bei
dem „jüdischen Händler" fest, der schon manchen bedeu-
tenden Mann hypnotisiert hat, aber er übersieht, dass dieser
einfache Händler zugleich der Träger prophetischer Ideen
war, zu deren Verbreitung in der Heidenwelt er um
so eher beitrug, als er sozusagen durch seine Ubiquität,
wie nicht minder durch sein Anpassungsvermögen
dafür besonders geeignet war, welche Eignung freilich
wiederum in der Bemerkung Mommsen's, dass „der Jude
eben so schwer den Kern seiner nationalen Eigenthümlichkeit aufgibt, als bereitwillig denselben mit jeder beliebigen
Nationalität umhüllt", arg verkannt und entstellt ist. Wenn
man nicht missbräuchlich, wie es allerdings Mommsen thut,
Nationalität und Religion für identisch hält, so bestand der
„Kern der nationalen Eigenthümlichkeit" der jüdischen
Diaspora darin, dass sie keine besass, wie sie nach dem
Gange der Geschichte keine mehr besitzen sollte. Der nationale Standpunkt war mit einem höheren, der den Aus-
blick auf einen weiteren Horizont gewährte, vertauscht
worden. Diese des nationalen Charakters entkleidete Eigenart
des Diaspora, zu welcher ihre Anpassungsfähigkeit, die
Mommsen sehr salopp eine Umhüllung mit jeder beliebigen
Nationalität nennt, das nothwendige Complement bildete,
war es gerade, welche ihr die durch Religion und Geschichte
ihr zugewiesene Aufgabe erleichterte. Man muss sich nur
entschliessen, die gefärbte Brille abzulegen, dann wird man
in der Diaspora nicht das Abfallsproduct des Volkes Israel,
nicht die verworfenen Zweige des alten Stammes, sondern
die Testamentsvollstreckerin des Prophetenthums, das „Volk

Gottes" erblicken, das zerstreut und vaterlandslos, wie es war, eben dadurch erst die Blicke der heidnischen Welt auf ein ideales, allen Menschen gemeinsames Vaterland, auf das „Reich Gottes" hinzulenken vermochte. An diesen Kerngedanken oder Gedankenkern der jüdischen Religion knüpfte denn auch das entstehende Christenthum an. Das Wort Jesus' „Mein Reich ist nicht von dieser Welt" (Ev. Joh. 18, 36) ist nichts anderes als die jüdische Hinweisung auf das „Malchut Schamajim", auf jenes Reich, in welchem es keine Nationalitäten mehr, sondern nur noch Menschen gibt, und dessen Herbeikunft heute noch im Neujahrsgebete mit den Worten erfleht wird : „Entfalte deine Herrschaft über die ganze Welt in deiner Herrlichkeit, und erhebe dich über die ganze Erde in deinem Glanze, und erstrahle in der Pracht deiner glorreichen Majestät über alle Bewohner deiner Erdenwelt, damit jedes Geschöpf erkenne, dass du es geschaffen, und jedes Wesen einsehe, dass du es gebildet, und damit alles was Odem hat, ausrufe: der Ewige, der Gott Israels, ist König, und sein Reich erstreckt sich über alles". Oder wie es ferner daselbst heisst: „So lasse denn kommen, Ewiger, unser Gott, deine Furcht über alle deine Geschöpfe, und ehrfürchtiges Bangen vor dir über alles, was du erschaffen, dass dich fürchten alle Geschöpfe, und vor dir sich bücken alle Wesen, und sie alle werden ein Bund, deinen Willen zu thun mit ganzem Herzen." An dieses Gottesreich denkt auch Paulus in zahlreichen Aussprüchen, in welchen er zugleich betont, dass die Verwirklichung desselben mit der Accentuirung der Nationalität sich nicht vertrage. „Es ist hier kein Unterschied unter Juden und Griechen, es ist aller zumal Ein Herr, reich über alle, die ihn anrufen" (Röm. 10, 12). „Denn wir sind, durch Einen Geist, alle zu einem Leibe getauft, wir seien

Juden oder Griechen" (I. Kor. 12, 13). „Hier ist kein Jude
noch Grieche" (Gal. 3, 28). „Da nicht ist Grieche, Jude u. s. w."
(Kol. 3, 11). Unmöglich kann der Urheber dieser Aussprüche
gemeint haben, dass die Menschheit, statt ihrer Verbrüderung im Gottesreiche zuzustreben, für immer in Nationalitäten sich sondere, und dass eine von der anderen sich
immer weiter entferne. Der Grundgedanke jedoch, aus welchem diese Aussprüche geschöpft sind, und welcher im Christenthum seine eigenthümliche Ausgestaltung erfahren hat, wur-
zelt im Judenthum, welches für denselben seit achtzehn-
hundert Jahren leidet, und, wie die angeführten, für die
heiligsten Feiertage bestimmten Gebete beweisen, die Hoffnung auf seine Erfüllung niemals aufgegeben hat.

IV.

Aus der vorstehenden Untersuchung ergibt sich mit Nothwendigkeit, dass die Betonung der Nationalität nicht christlich, dass sie aber noch viel weniger jüdisch ist. Das Wort Nationaljudenthum und die damit bezeichnete Bewegung leiden beide an einem inneren Widerspruch, weil das Judenthum zufolge seiner geschichtlichen Mission nicht die Aufgabe hat, die centrifugale Nationalitätssucht oder Nationalitätsschwärmerei der Völker zu unterstützen, geschweige ihr seinerseits zu huldigen, sondern vielmehr die, den Individualismus der Nationen aufzuheben und auf die Vereinigung aller Menschen zu Einer Menschenfamilie hinzuarbeiten. Würde das Judenthum in allen seinen Bekennern das Bestreben erwecken, wieder eine Nation zu werden, so beginge es einen Selbstmord, denn es würde für eine im günstigsten Falle zweifelhafte Gegenwart die Zukunft preisgeben. Das Judenthum hat aber immer in der Zukunft und für die Zukunft gelebt, es ist niemals in der Gegenwart aufgegangen, es hat die Zukunft niemals der Gegenwart aufgeopfert. Will man diesen innersten Zug seines Wesens idealistisch nennen, so kann es sich diese Bezeichnung ge-

fallen lassen. Das Judenthum ist immer idealistisch gewesen.
Dadurch hat es seine Elasticität und Spannkraft bewahrt,
und dem Drucke und der Verfolgung des Mittelalters Trotz
geboten, so dass es bei Anbruch der Neuzeit mit jugend-
licher Frische in die Culturbestrebungen derselben einzu-
treten vermochte. Auch mit dieser Anpassung an die jeweiligen Zeitverhältnisse ist, wie bereits oben bemerkt
wurde, das Judenthum nur sich selbst treu geblieben : es
hat im neunzehnten Jahrhundert im westlichen Europa nur
wiederholt, was es im Beginn und während der ganzen
Geschichte der Diaspora in den Ländern griechischer Zunge,
in Babylon, Persien, Arabien und Spanien gethan. Ueberall
hat es sich acclimatisirt und assimilirt: es war unter den
Griechen griechisch, in Persien persisch, unter den Arabern
arabisch, und man kann auf dieses Verhalten anwenden was
Paulus von sich sagt: „Ich bin Jedermann allerlei geworden"
(I. Kor. 9, 22). Damit hat der Apostel des Christenthums
nur einen Grundzug des Judenthums bekundet. Denn das
Judenthum konnte nicht „vor den Nationen von Gott zeugen"
(Jes. 55. 4), nicht konnten „alle Völker der Erde sehen, dass
der Name des Ewigen über ihm genannt sei" (V. M. 28, 10),
wenn es sich von der Welt ab- und in eine Dunkelkammer
einschloss. Allerdings hat es im Judenthum zu keiner Zeit an
Männern gefehlt, welche in der Befürchtung, dass es sich
in der Welt verlieren könnte, es von dem Anschluss an die
Welt und ihre Culturbestrebungen abzuhalten suchten,
welche über seine transitorische nationale Erscheinung und
über die Nothwendigkeit der Selbstzucht seine auf das
Allgemeine gerichtete Bestimmung aus den Augen ver-
loren. Begünstigt wurde diese Anschauung insbesondere
im Mittelalter dadurch, dass auch die Staaten ihrerseits
durch vexatorische Behandlung und Einschliessung im

Ghetto die Juden zur Isolirung zwangen. Was aber zuerst
Zwang war, gestaltete sich nach und nach zu einer lieb
gewordenen Gewohnheit. Mit Umkehrung eines bekannten
Dichterwortes kann man sagen: Unsinn ward Vernunft,
Plage Wohlthat. Indessen hat die Isolirungsdoktrin, soweit
die Juden selbst ihr huldigten, vor dem Richterstuhl der
Geschichte sich nicht behaupten können, sie läuft nur als
eine Neben- oder Unterströmung in der Geschichte der
Juden einher. Die Hauptabschnitte der Diaspora werden
durch die Namen Philo, Maimonides, Mendelssohn bezeichnet. Diese Männer aber waren nicht bloss hervorragende
Bannerträger des Judenthums, sondern sie glänzen auch in
der Culturgeschichte ihrer Zeitalter. Wenn also die heu-
tigen Nationaljuden über die Assimilationsbestrebungen der
Juden während der jüngsten Vergangenheit und in der
Gegenwart den Stab brechen, so beweisen sie ein kurzes
Gedächtniss, oder üben eine ungleiche Gerechtigkeit, denn
sie strafen an den Enkeln, was an den Grossvätern zu
rühmen ist. Mendelssohn hat nicht anders gehandelt, als
Maimonides, und Maimonides nicht anders als Philo. Es
geht aber nicht wohl an, eine Handlungsweise zu ver-
dammen, welche durch die führenden Geister des Judenthums vertreten ist. Die Assimilation kann nur durch
Uebertreibung, welche einer Selbstaufgebung des Judenthums und seiner Principien gleichkommt, gerechten Tadel
auf sich ziehen. Aber so wenig man das Schwimmen deshalb untersagen wird, weil man dabei ertrinken kann, so
wenig darf man wegen der Gefahr der Uebertreibung das ·
Judenthum davon abhalten, nach dem Beispiel der ange-
ührten Vorbilder seine assimilatorische Thätigkeit, durch
welche zudem die Erkenntniss seines Lehrinhaltes weiteren
Kreisen vermittelt wird, fortzusetzen. Uebrigens fällt dieser

Tadel auf das Nationaljudenthum selbst zurück. Es ist
selbst ein Produkt zu weit gehender Assimilation, insofern
es den nationalen Chauvinismus der Gegenwart auf das
Judenthum überträgt. Wenn aber das Judenthum in irgend einem Punkte Ursache hat, die biblische Warnung
vor der Aneignung fremder Gewohnheiten und Anschauungen zu befolgen, so ist es hier der Fall. Das Judenthum
käme bei seiner etwaigen nationalen Restauration erst
recht zwischen den Stühlen der übrigen Völker auf der
Erde zu sitzen, und es müsste weit mehr noch als während
seiner verlorenen Selbständigkeit die Einbusse der wiedererlangten besorgen. Denn mit welchen Mitteln selbst mäch-
tige Staaten sich behaupten, lehren die alle Steuerkraft er-
schöpfenden Militärbudgets. Ein Judenthum aber mit Ka-
nonen und Bajonetten würde die Rolle David's mit der
Goliath's vertauschen und eine Travestie seiner selbst sein.
Hiesse es also den Geist unserer Religion verleugnen,
wenn wir unsere nationale Wiederherstellung betrieben
und durchsetzten — sei es selbst in der Art, dass uns Palästina von den Mächten überwiesen und garantiert würde
— so würden wir damit das Urtheil derjenigen gutheissen,
welche unsere zweitausendjährige Diaspora als ein Zeichen
unserer Verwerfung betrachten. Das ist sie aber trotz aller
Leiden nicht, dagegen streitet die göttliche Versicherung:
„Trotzdem werde ich sie, während sie im Lande ihrer
Feinde sein werden, nicht verachten und nicht verwerfen,
sie aufzureiben, meinen Bund mit ihnen zu lösen, denn ich
der Ewige bin ihr Gott" (IIIM. 26, 44) — eine Versicherung, deren Verwirklichung zweifellos ist, was selbst die
erbittertsten Judenfeinde des Mittelalters anerkannt haben.*)

*) Mit Bezug auf das hebräische Anfangswort (We af) der Ange-
führten Schriftstelle sagte man: „Die Juden haben einen güldenen Aff".

In der That ist die Diaspora eine der ruhmreichsten Partien der Geschichte des Judenthums, insofern dieses während derselben seine Unzerstörbarkeit erwiesen und gezeigt hat, dass es mehr ist als ein nationales Gebilde, dass es weder an eine Zeit noch an einen Ort gebunden ist, weswegen es erwarten darf, dass das letzte Wort, wie einst das erste, ihm gehört. In dieser Erkenntniss und Hoffnung kann die gegenwärtige feindselige Zeitströmung die Juden eher bestärken, als wankend machen, denn so weit man auch davon entfernt sein mag, für das Martyrium zu schwärmen, so ist es doch eine Thatsache, dass, je grösser die Ziele, desto grösser auch die Schwierigkeiten sind, und dass es ohne Kampf keinen Sieg gibt. Mit dieser Thatsache muss, wer Jude sein will, ein für alle Male sich abfinden. Wenn man denjenigen Juden, welchen in ihrer bisherigen Heimat der Kampf ums Dasein allzusehr erschwert wird, Gelegenheit bietet, sich anderwärts anzusiedeln, so ist dies im hohen Grade löblich und verdienstlich. Man kann nur wünschen und hoffen, dass die jüdischen Colonien, wo immer solche bereits bestehen oder künftig angelegt werden, sei es nun im heiligen Lande, oder anderwärts, ihr gedeihliches Fortkommen finden, aber es ist durchaus verkehrt, und streitet wider den Geist des Judenthums und seiner Geschichte, wenn diese an sich der höchsten Anerkennung würdige Colonisationsthätigkeit mit nationalen Bestrebungen verquickt und als die Einlösung prophetischer Verheissung hingestellt wird. Nein, das ist sie nie und nimmer. In eine nationale Neugründung kann die Laufbahn des Judenthums, welches sich als den Siegelbewahrer der prophetischen, die ganze Menschheit umfassenden Verheissungen betrachten darf, nicht ausmünden — dies wäre die blanke Verwirklichung des Horazischen Spottbildes: „Desinit in piscem

mulier formosa superne." Um zu dieser von den nationalen
Juden dem Judenthum zugedachten Höhe aufzusteigen,
müsste es zuvor tief heruntersteigen, um das nationale
Schlagwort zu lernen, müsste es erst alles vergessen, seine
Thora, seine Propheten, seine Psalmen, seine Geschichte,
die ihm eine ganz andere Zukunft ausmalen, als seine
nationale Rehabilitation ihm bieten könnte, eine Zukunft,
welche zugleich die Zukunft der gesammten Menschheit
ist. Denn der wahre Zionismus ist von der Zukunft der
Menschheit nicht zu trennen. Man braucht, ich will nicht
sagen die Propheten, sondern nur das Gebetbuch, zumal
jene obenangeführten Stellen aus der Liturgie des Neujahrs-
und Versöhnungstages nachzulesen, und man kann sich ohne
Schwierigkeit die Frage beantworten, ob da unsere Zukunft
nur als unsere Zukunft, als unsere nationale Restauration
in Palästina mit allen Erfordernissen staatlicher Selbständigkeit, oder ob sie nicht im engsten Zusammenhange mit der
sittlichen Vollendung Aller, mit der Verbrüderung der
ganzen Menschheit vorgestellt ist. So und nicht anders
ist der Zionismus auch von den grössten Geistern unserer
Vergangenheit verstanden und gepflegt worden. Gewiss,
der Eine oder Andere wurde von mächtiger Sehnsucht
nach Palästina erfasst, er küsste den heiligen Boden, den
sein Fuss zum ersten Male betrat, dort wollten Viele ihre
letzte Ruhestätte finden — und so ist auch heute noch die
Verehrung für Zion nicht aus den Herzen der Juden
geschwunden und wird nicht daraus schwinden. Die Be-
siedlung des heiligen Landes wird immer für eine ver-
dienstliche, fromme, durch die Geschichte gerechtfertigte
Uebung gelten, worin die Juden den anderen Bekenntnissen
nicht nachstehen werden. Aber niemals ist von irgend einer
berufenen Seite an die Gesammtheit der Juden der Aufruf

zu einem sozusagen unblutigen Kreuzzug, zur Wiederge-
winnung ihrer nationalen Selbständigkeit ergangen. Dies
wäre als ein Eingriff in die Führung Gottes erschienen, in
dessen weisem Plane auch die Diaspora ihre vorbestimmte
Stelle einnimmt. Zion galt und gilt den Juden als das
Symbol ihrer eigenen, aber auch der die ganze Menschheit
umfassenden Zukunft. In diesem, nichts weniger als nationalen
Sinne ist auch die Bitte um Rückkehr nach Zion in unseren
Gebeten zu verstehen, in welchen sie demnach einen recht-
mässigen Platz behauptet. Diese dem Lehrinhalt des Judenthums wie seiner Geschichte entsprechende Auffassung
beeinträchtigt weder unsere Bürgerpflichten, noch unsere
Bürgerrechte. Ueben wir jene, und lassen wir uns diese
nicht entwinden! Der Prophet Jeremias schrieb den Exu-
lanten in Babylon: „Bauet Häuser und bewohnet sie und
pflanzet Gärten und esset ihre Früchte. Mehret euch dort,
und vermindert euch nicht. Und suchet das Wohl der Stadt,
dahin ich euch weggeführt habe, und betet um sie zu dem
Ewigen, denn in ihrem Wohl wird euch wohl sein. Denn
so spricht der Ewige der Heerschaaren, Gott Israels: Dass
euch nicht berücken eure Propheten, die in eurer Mitte
sind und eure Wahrsager, dass ihr nicht höret auf eure
Träume, die ihr träumet". (Jerem. 29, 7 f). Damit war den
Juden in Babylon bedeutet worden, sich in allen Stücken,
bis auf ihren Glauben, als Babylonier zu betrachten, und
an diese Weisung haben sich die Juden in der Diaspora
immer gehalten. Die in Spanien nannten sich Spanier
(Sefaradim), die in Frankreich Franzosen (Zarfatim), die in
Deutschland Deutsche (Aschkenasim). Die Anwendung bibli-
scher Namen auf die erwähnten Länder zeugt von inniger
Anhänglichkeit, wohl auch von alter Sesshaftigkeit der Juden. Uebrigens erklärte man im Mittelalter gern schwierige

Worte der Landessprache aus dem Hebräischen. Will doch
Melanchthon*) — was werden die Deutsch-Volklichen dazu
sagen! — sogar das Wort Germanien aus dem Hebräischen
ableiten, und zwar ergibt sich aus seiner Etymologie, dass,
— man höre! — die Germanen selbst Fremde in Deutschland sind. Um auf die Juden zurückzukommen, so behielten
sie ihre landsmannschaftlichen Benennungen, wenn sie ver-
trieben wurden, selbst in ihren neuen Siedelungen bei. Aber
nationale Juden sich zu nennen, fiel ihnen nicht im Traume
ein. Warum sollte es heute anders sein? Warum sollten
sich die deutschen Juden nicht wie bisher als Deutsche,
die französischen Juden nicht als Franzosen u. s. w. betrachten?
Weil die Anderen sie nicht so betrachten? Wenn wir die
Anderen gefragt hätten, wären wir längst keine Juden mehr.
Jeder Mann muss wissen, was seine Pflicht und was sein
Recht ist. Wird ihm das letztere verwehrt, so muss er es
erkämpfen, erstreiten. Das gilt auch für die Juden. Das
Judenthum, das so vieles überstanden und überdauert hat,
ist in sich selbst stark genug, auch die Unbilden der Gegenwart zu überwinden, und die armen Juden, denen die
nationale Bewegung zu Hülfe kommen will, sind gerade die
stärksten und dauerhaftesten, die dieser Hülfe, selbst wenn
sie eine wäre, am allerwenigsten bedürften. Seien wir nur
selbst keine Anderen! Lassen wir uns nicht das Kuckucksei
der Nationalität in unser Nest legen, es wird nichts Gutes
davon ausgebrütet. Wie sagt doch Grillparzer? „Von Humanität — durch Nationalität — zur Bestialität." Diesen

*) In einem Briefe an Paul Eber: „De etymologia nominis Ger-
manici his diebus cogitavi, quod si ab Hebraica voce est גרים ut
arbitror, peregrinos significat. Idem si Casparo et tibi videbitur, qui
estis gnari mysteriorum Hebraicorum, gaudebo nos etymologiam non in-
sulsam habere." Bretschneider, Corp. Reformator. VI, 290).

Entwicklungsgang können die Juden durch ihre Erfahrungen
während der letzten Jahrzehnte am besten bestätigen, und
sie sind davor gewarnt, ihn selber mitzumachen. Es gibt
für sie nur eine Richtschnur, dass sie an ihrem Glauben
festhalten und nicht um den zweifelhaften Preis, wieder
eine Nation zu werden, auf das Verdienst verzichten, überall auf Erden Zeugniss abzulegen von der Wahrheit des
Prophetenwortes, das noch seiner Erfüllung harrt, mit
welcher das Judenthum, die Menschheit und Zion zugleich
zu ihrem Rechte kommen werden: „Es wird der Ewige
König sein über die ganze Erde, an jenem Tage wird der
Ewige einzig und sein Name einzig sein." (Secharja 14. 9).

Druck von Johann L. Bondi & Sohn. Wien. VII. Zollergasse 17.

www.ingramcontent.com/pod-product-compliance
Lightning Source LLC
Chambersburg PA
CBHW021557270326
41931CB00009B/1263